EFFEKTIVES ZEITMANAGEMENT

Mehr erreichen in weniger Zeit

Philipp Frühwirth

INHALT

sparen

WARUM ZEITMANAGEMENT WICHTIG IST UND WIE ES DEIN LEBEN VERÄNDERN KANN

Zeitmanagement ist in unserer heutigen, schnelllebigen Welt wichtiger denn je. Es gibt zahlreiche Gründe, warum eine effektive Zeitplanung und -nutzung dein Leben grundlegend verändern kann und einen großen Einfluss auf deine Erfolge und dein Wohlbefinden hat.

Einer der wichtigsten Gründe dafür ist, dass Zeit eine endliche Ressource ist. Jeder von uns hat 24 Stunden am Tag zur Verfügung und wie wir diese nutzen, beeinflusst direkt, was wir erreichen können und wie viel Freude und Entspannung wir in unserem Leben haben. Wenn wir unsere Zeit nicht gut nutzen, werden wir mit hoher Wahrscheinlichkeit wichtige Aufgaben nicht erledigen können oder uns gestresst und überfordert fühlen.

Ein weiteres Argument für die Bedeutung von Zeitmanagement ist, dass es dir eine klare Richtung und Orientierung in deinem Leben gibt. Wenn wir unsere Zeit bewusst planen und strukturieren, können wir uns auf unsere Prioritäten und Ziele konzentrieren. Wir verschwenden keine Zeit mehr mit unproduktiven Aktivitäten und können uns auf das konzentrieren, was uns wirklich wichtig ist. Dadurch erlangen wir ein Gefühl der Kontrolle über unser Leben und können uns auf das konzentrieren, was uns glücklich macht.

Zusätzlich dazu ermöglicht uns eine effektive Zeitplanung, mehr Freizeit und Entspannung in unserem Leben zu haben. Indem wir unsere Aufgaben in effektiver Weise erledigen und Prokrastination vermeiden, können wir unsere gewonnene

Freizeit voll auskosten und uns vollständig darin entspannen. Dies führt zu mehr Freude und Vitalität in unserem Leben, was sich direkt auf unsere Gesundheit und unsere Beziehungen auswirken kann.

Nicht zuletzt ist Zeitmanagement auch ein wichtiger Faktor für Erfolg im Berufsleben. Menschen, die in der Lage sind, ihre Zeit effektiv zu nutzen, sind in der Regel produktiver, effizienter und erfolgreicher in ihrer Arbeit. Auch hier kann eine gute Zeitplanung dazu beitragen, dass wir uns auf unsere Prioritäten und Ziele konzentrieren und dadurch bessere Resultate erzielen.

All diese Faktoren zeigen, wie wichtig Zeitmanagement für ein ausgeglichenes, erfülltes und erfolgreiches Leben ist. Eine effektive Zeitnutzung kann dir helfen, deine Ziele zu erreichen, dich glücklicher und stärker zu fühlen und mehr Freizeit und Entspannung zu genießen. Indem du deine Zeit bewusst planst und strukturierst, kannst du das Beste aus deinem Leben herausholen und ein erfüllendes und erfolgreiches Leben führen.

WIE MAN PRIORITÄTEN SETZT UND ENTSCHEIDUNGEN TRIFFT, UM SEINE ZEIT EFFEKTIV ZU NUTZEN

Das Setzen von Prioritäten und das Triffen von Entscheidungen sind die Grundpfeiler eines effektiven Zeitmanagements. Wenn wir uns nicht bewusst sind, welche Aufgaben und Aktivitäten für uns am wichtigsten sind, können wir leicht von ablenkenden oder unwichtigen Dingen abgelenkt werden und unsere Zeit verschwenden. In diesem Kapitel werden wir uns genauer ansehen, wie man Prioritäten setzt und Entscheidungen trifft, um seine Zeit effektiver zu nutzen.

1. Verstehe deine Ziele und Werte

Bevor du Prioritäten festlegst, musst du verstehen, welche Ziele du in deinem Leben erreichen möchtest und welche Werte dir wichtig sind. Deine Prioritäten sollten auf diesen Ziele und Werten basieren. Wenn deine Prioritäten mit deinen Zielen übereinstimmen, wirst du motiviert sein, deine Zeit darauf zu konzentrieren.

2. Identifiziere dringende und wichtige Aufgaben

Eines der bekanntesten Konzepte des Zeitmanagements ist das Eisenhower-Prinzip, das auf dem ehemaligen US-Präsidenten Dwight D. Eisenhower basiert. Es ist ein einfaches Framework, das dir dabei hilft zu entscheiden, welche Aufgaben du zuerst erledigen solltest. Die Idee ist, alle Aufgaben basierend auf ihrer Dringlichkeit und Wichtigkeit in vier Kategorien zu unterteilen: dringend und wichtig, dringend aber nicht wichtig, wichtig aber nicht dringend, weder wichtig noch dringend.

3. Fokussiere dich auf die wichtigen Dinge

Es ist leicht, sich von ablenkenden Dingen ablenken zu lassen, aber wenn du deine Prioritäten gut gewählt hast, solltest du Zeit in die Aufgaben investieren, die dir wirklich wichtig sind. Es kann hilfreich sein, einzelne Aufgaben oder Projekte zu planen, die einen hohen Wert haben, und sich darauf zu konzentrieren, diese erfolgreich zu absolvieren.

4. Entscheide dich bewusst gegen Aufgaben

Zeitmanagement bedeutet auch manchmal, sich bewusst gegen bestimmte Aufgaben oder Aktivitäten zu entscheiden. Es gibt oft Dinge, die getan werden müssen, aber nicht unbedingt von dir erledigt werden müssen. Dazu können administrative Aufgaben, e-Mails oder sogar Termine zählen, die dir keine Vorteile bringen oder dich unnötig ablenken. Wenn du dich hier bewusst gegen eine Aufgabe entscheidest, hast du mehr Zeit für die wirklich wichtigen Dinge.

5. Verstehe, dass Prioritäten sich ändern können

Prioritäten sind nicht in Stein gemeißelt und können sich von Zeit zu Zeit ändern. Neue Ziele oder Herausforderungen können dazu führen, dass du deine Prioritäten neu justieren musst. Es ist wichtig, flexibel zu sein und die Fähigkeit zu haben, strategisch über deine Prioritäten zu denken, um sicherzustellen, dass du immer deine Zeit auf die Dinge fokussiert, die dir am meisten bringen.

Indem du lernst, Prioritäten zu setzen und bewusste Entscheidungen darüber zu treffen, wie du deine Zeit verwendest, kannst du dein Leben verändern. Du wirst in der Lage sein, dich auf die Dinge zu konzentrieren, die dir am meisten bedeuten, und dir erlauben, mehr Erfolg und Zufriedenheit in deinem Leben zu erreichen.

DIE BEDEUTUNG VON ROUTINEN UND GEWOHNHEITEN FÜR EINE EFFIZIENTE ZEITPLANUNG

Routinen und Gewohnheiten sind wichtige Elemente für eine effiziente Zeitplanung. Indem du bestimmte Tätigkeiten zu bestimmten Zeiten erledigst, ohne darüber nachzudenken, gibst du deinem Gehirn die Möglichkeit, Energie zu sparen und mehr Aufgaben zu bewältigen.

Routinen haben auch den Vorteil, dass sie dazu beitragen, deinen Tag zu strukturieren. Auf diese Weise hilft dir eine Routine, disziplinierter zu sein und deine Aufgaben schneller zu erledigen. Wenn du deine Routine befolgst, kannst du auch Zeit einsparen, da du nicht mehr darüber nachdenken musst, was du als nächstes machen sollst.

Menschen, die von Natur aus eher chaotisch oder unorganisiert sind, können von einer täglichen Routine profitieren. Eine tägliche Routine kann dazu beitragen, dass sich diese Menschen besser organisieren und mehr Kontrolle über ihr Leben bekommen, und sie können ihre Zeit besser nutzen.

Für eine effiziente Zeitplanung ist es daher sinnvoll, bestimmte Routinen und Gewohnheiten in deinen Tag zu integrieren. Beispiele hierfür könnten sein:

- Eine regelmäßige Schlafenszeit und Aufstehzeit
- Eine feste Zeit zum Checken von E-Mails
- Ein bestimmter Zeitpunkt für die Erledigung von Aufgaben, wie z.B. das Beantworten von Kundenanfragen oder das Schreiben von

Blogbeiträgen
- Ein festes Zeitfenster für eine körperliche Aktivität, wie z.B. Joggen oder Schwimmen
- Eine regelmäßige Zeit für das Lesen und Lernen von neuen Dingen

Um erfolgreich eine Routine und Gewohnheit zu setzen, solltest du eine Aktivität so lange regelmäßig durchführen, bis sie zur Gewohnheit geworden ist. Das kann einige Wochen oder sogar Monate dauern. Wenn du jedoch Zeit und Mühe investierst, um eine Routine zu entwickeln, wird es dir langfristig helfen, produktiver zu sein und mehr Dinge in kürzerer Zeit zu erledigen.

Es ist wichtig, dass du flexibel mit deiner Routine umgehst, um sicherzustellen, dass sie auf deine aktuelle Lebenssituation passt. Manchmal muss man einfach Prioritäten setzen und die Routine ändern, um das zu erreichen, was man möchte.

Insgesamt ist es wichtig zu betonen, dass Routinen und Gewohnheiten dazu beitragen können, deine Zeit effektiver zu nutzen und dein Leben insgesamt zu verbessern. Mit ihrer Hilfe kannst du dein Leben strukturieren und konzentrierter arbeiten, um so mehr zu erreichen.

WIE MAN TAGESPLÄNE UND WOCHENPLÄNE ERSTELLT, UM PRODUKTIVER ZU SEIN

Die Erstellung von Tages- und Wochenplänen ist eine wichtige Komponente des effektiven Zeitmanagements. Der Prozess unterstützt dabei, Prioritäten zu setzen und Zeitblöcke für spezifische Aufgaben oder Aktivitäten zu reservieren. Wenn du deine Zeit und Energieressourcen effektiver nutzen möchtest, ist es hilfreich, regelmäßig Pläne zu erstellen und diese zu überprüfen.

Beginne mit der Prioritätenliste, die du zuvor erstellt hast, protokolliere Aufgaben mit dringendem oder wichtigem Charakter. Bilde daraufhin einen Überblick über die Projekte, die in naher Zukunft anstehen. Ein Terminkalender oder eine Agenda kann hierbei hilfreich sein, damit du alles im Blick hast - sowohl kurz- als auch langfristig.

Anschließend denke darüber nach, wie viel Zeit du für diese Aufgaben einplanen musst. Schätze realistisch ein, wie lange du für jede Aufgabe benötigst, und achte darauf dass du Pausen und Zeit für unvorhergesehene Ereignisse einplanst. Es ist auch ratsam, genügend Zeit für persönliche Bedürfnisse wie Fitness und Entspannung zu berücksichtigen. Ein Tag, an dem alle Zeitfenster bis ins Detail geplant sind, kann schnell ineffektiv werden.

Du musst nicht unbedingt alles im Detail im Vorfeld planen. Stattdessen kannst du bestimmte Zeitblöcke blockieren, damit du dich auf konkrete Aktivitäten fokussieren kannst. Blocke dann die Zeitfenster für wichtige Projekte, die größere Konzentration erfordern.

Es kann hilfreich sein, regelmäßig Tages- und Wochenpläne zu erstellen, um zu sehen, wie du deine Zeit am besten nutzen kannst. Wenn du beispielsweise erwartest, dass eine Aufgabe mehr Zeit in Anspruch nimmt, als du sie ursprünglich eingeplant hast, kannst du auf diese Weise noch flexibel reagieren. Gleichzeitig behältst du stets den Überblick über deine Aufgaben und kannst sie im Takt deiner Energiegasssen verteilen.

Egal, ob du einen traditionellen Kalender oder eine digitale Lösung verwendest, die Erstellung von Tages- und Wochenplänen kann dir helfen, produktiver zu sein, deinen Fokus zu verbessern und deine Aufgaben effektiver zu erledigen. Wichtig ist es dabei, stets flexibel zu bleiben und Gelegenheiten für eine Neuplanung im Notfall einplanen zu können.

WIE MAN MIT ABLENKUNGEN UND PROKRASTINATION UMGEHT, UM SEINE ZEIT BESSER ZU NUTZEN

Ablenkungen und Prokrastination sind zwei der größten Hindernisse für eine effektive und effiziente Zeitplanung. Wenn wir nicht in der Lage sind, uns auf unsere Aufgaben zu konzentrieren und sie zu erledigen, verschwenden wir wertvolle Zeit und arbeiten weniger produktiv. Wir alle wissen, wie verlockend es sein kann, Facebook oder Instagram zu öffnen, um einen schnellen Blick auf unsere Benachrichtigungen zu werfen, oder wie einfach es ist, sich auf Nebensächlichkeiten zu konzentrieren, anstatt uns auf die wichtigsten Aufgaben zu konzentrieren. Hier sind einige Tipps, wie Sie mit Ablenkungen und Prokrastination umgehen können, um Ihre Zeit besser zu nutzen:

1. Identifizieren Sie Ihre wichtigsten Ablenkungen: Beobachten Sie sich selbst und notieren Sie die Dinge oder Aktivitäten, die Sie während Ihrer Arbeit am meisten ablenken. Sie können dies auch aufzeichnen, indem Sie Trackings-Apps verwenden. Auf diese Weise können Sie leicht erkennen, welche Dinge Sie am meisten ablenken und vermeiden können.

2. Schaffen Sie eine angenehme Arbeitsumgebung: Stellen Sie sicher, dass Ihr Arbeitsplatz aufgeräumt und organisiert ist. Entfernen Sie alle Gegenstände, die Sie ablenken könnten, und sorgen Sie für genügend Licht und eine angenehme Temperatur. Sie können sogar eine angenehme Musikauswahl treffen, die Ihre Arbeitsproduktivität fördert.

3. Setzen Sie Prioritäten: Legen Sie Ihre Prioritäten auf das, was am wichtigsten ist. Legen Sie Stundenpläne oder Arbeitslisten fest, um Ihre Aufgaben in Ordnung zu bringen und zu gewährleisten, dass wichtige Aufgaben zuerst erledigt werden.

4. Machen Sie eine Pause: Arbeiten Sie nicht ständig an Ihren Aufgaben, stocken Sie ab und zu auf. Nehmen Sie beispielsweise einen kleinen Spaziergang oder eine Kaffeepause in Anspruch. Durch das Aufladen Ihrer Energie können Sie sich besser konzentrieren, wenn Sie wieder anfangen zu arbeiten.

5. Verwenden Sie Zeit-Management-Tools: Verwenden Sie Tools wie To-Do-Listen, Projektmanagement-Tools und Zeitmanagement-App, um Ihre Aufgaben zu organisieren und Prioritäten zu setzen. Diese Tools helfen Ihnen dabei, sich auf das zu konzentrieren, was wichtig ist, und Ablenkungen zu minimieren.

6. Belohnen Sie sich selbst: Legen Sie konkrete Ziele und Belohnungen für sich selbst fest, wenn Sie diese Ziele erreichen. Belohnen Sie sich mit einem Kinobesuch, einer Sportstunde oder einem netten Essen. Dies wird Ihnen helfen, motiviert zu bleiben und Ihre Ziele schneller zu erreichen.

7. Trainieren Sie Ihre Konzentration: Wenn Sie Schwierigkeiten haben, sich zu konzentrieren, können Sie Ihre Konzentration durch gezieltes Training verbessern. Meditation, Yoga und Achtsamkeitsübungen können Sie mit der Zeit helfen, sich besser auf Ihre Aufgaben und Ziele zu konzentrieren und Ablenkungen zu minimieren.

Indem Sie diese Tipps anwenden, können Sie produktiver und effektiver arbeiten und Ihre Zeit besser nutzen. Ablenkungen und Prokrastination können vermieden werden, um Ihre Ziele leichter und schneller zu erreichen.

DIE VORTEILE VON MULTITASKING UND WIE MAN ES SINNVOLL EINSETZT

Multitasking beschreibt die Fähigkeit, mehrere Aufgaben gleichzeitig zu erledigen. Viele Menschen sehen darin eine Notwendigkeit, um den Anforderungen des modernen Arbeitslebens gerecht zu werden. Aber ist Multitasking wirklich sinnvoll? Und welche Vorteile bietet es?

Ein weit verbreitetes Missverständnis ist, dass Multitasking effizienter und produktiver macht. In Wahrheit ist es jedoch oft das Gegenteil: Wenn wir uns auf mehrere Aufgaben gleichzeitig konzentrieren, teilen wir unsere Aufmerksamkeit und Energie auf. Dadurch verlangsamt sich die Bearbeitungsdauer der einzelnen Aufgaben und unsere Fehlerquote kann steigen.

Allerdings gibt es Fälle, in denen Multitasking durchaus sinnvoll ist. Zum Beispiel, wenn wir Aufgaben haben, die nicht viel Aufmerksamkeit erfordern und bei denen wir unser Gehirn nicht vollständig beanspruchen. In diesem Fall können wir die Zeit nutzen, um uns um andere Aufgaben zu kümmern, wie zum Beispiel das Beantworten von E-Mails oder das Erstellen von To-Do-Listen.

Es ist jedoch wichtig zu erkennen, dass Multitasking nicht für alle Arten von Aufgaben geeignet ist. Bei komplexen Aufgaben, die eine hohe Konzentration und komplexe Problemlösung erfordern, ist es oft viel effektiver, sich auf eine Aufgabe zu konzentrieren und sie vollständig zu bearbeiten, bevor man zur nächsten übergeht.

Ein weiterer Faktor beim Multitasking ist die Gewöhnung: Wenn wir uns daran gewöhnen, mehrere Aufgaben gleichzeitig zu erledigen, kann es schwieriger werden, uns vollständig auf eine Aufgabe zu konzentrieren. Dies kann dazu führen, dass wir ineffektiver sind, da wir nicht mehr in der Lage sind, unsere Aufmerksamkeit vollständig auf eine Sache zu richten.

Allerdings gibt es Situationen, in denen Multitasking-Strategien sinnvoll und nützlich sind. Dazu gehört beispielsweise das Verknüpfen von ähnlichen Aufgaben, wie beispielsweise das Beantworten von E-Mails von verschiedenen Kunden in einem Durchgang. Eine andere Möglichkeit ist es, spezialisierte Tools und Apps zu verwenden, um Aufgaben effektiver zu organisieren und zu priorisieren.

Insgesamt kann Multitasking ein nützliches Werkzeug sein, um seine Zeit effektiver zu nutzen. Es ist jedoch wichtig, es sinnvoll einzusetzen und zu erkennen, dass es nicht immer die beste Option ist. Indem man seine Aufgabenliste effektiv organisiert und Prioritäten setzt, kann man eine Balance finden, die eine produktive und stressfreie Arbeitsumgebung schafft.

WIE MAN PAUSEN UND FREIZEIT IN SEINEN ZEITPLAN INTEGRIERT, UM EIN AUSGEWOGENES LEBEN ZU FÜHREN

In unserer heutigen Gesellschaft, die schnelllebig und zunehmend leistungsorientiert ist, ist es leicht, sich in der Arbeit zu verlieren und sich vollständig von seinen Zielen und Verpflichtungen überwältigt zu fühlen. Dabei vergessen wir oft etwas alltägliches und doch so wichtiges: Pausen und Freizeit. Diese Zeit ist essentiell für unser Wohlbefinden und trägt dazu bei, dass wir langfristig effektiver und produktiver bleiben. In diesem Kapitel lernst du, wie du deinen Zeitplan so gestalten kannst, dass du genügend Pausen und Freizeit hast.

Zunächst einmal ist es wichtig zu verstehen, dass Pausen und Freizeit nicht "Zeitverschwendung" sind. Vielmehr sind sie notwendig, um deinen Körper und Geist zu regenerieren und so deine Energie zu erhalten. Denn wenn du kontinuierlich ohne Unterbrechung arbeitest, ermüdet dein Verstand schnell und deine Produktivität sinkt, was dazu führt, dass du letztendlich mehr Zeit benötigst, um deine Ziele zu erreichen.

Es gibt verschiedene Arten von Pausen, die man in seinen Zeitplan einbauen kann. Regelmäßige kurze Pausen können helfen, die Konzentration aufrechtzuerhalten und Entspannungsphasen einzuhalten. Hierzu eignet sich beispielsweise die Pomodoro-Technik, bei der man nach 25 Minuten Arbeit jeweils 5 Minuten Pause einlegt. Auch längere Pausen wie Mittagspausen oder Spaziergänge können helfen, den Geist zu erfrischen und physisch aktiv zu bleiben.

Um Freizeit in deinen Zeitplan zu integrieren, musst du zuerst entscheiden, wie viel Freizeit du benötigst. Die Menge variiert von Person zu Person, daher solltest du deine individuellen Bedürfnisse und Wünsche berücksichtigen. Dann solltest du eine Priorität geben, welche Aktivitäten dir wirklich wichtig sind und auf die du gerne Zeit und Energie verwendest. Es kann Sport, Gespräche mit Freunden, Lesen eines Buches oder einfach Entspannen sein.

Um Freizeit in deinen Zeitplan zu integrieren, musst du lernen, "Nein" zu Aktivitäten zu sagen, die nicht unbedingt notwendig sind. Und es ist ebenso wichtig, dass du dich an deinen Zeitplan hältst, um deine Freizeit genießen zu können, ohne dabei das Gefühl zu haben, dass du noch etwas tun musst.

Ein ausgewogenes Verhältnis zwischen Arbeit und Freizeit kann dazu beitragen, dass du deine Ziele effektiver und in kürzerer Zeit erreichst. Indem du Pausen und Freizeit in deinen Zeitplan integrierst, kannst du dein Wohlbefinden und deine Energie verbessern. Und wenn du dich ausgeruht und entspannt fühlst, kannst du in deiner Arbeit produktiver und effektiver agieren.

Insgesamt gilt es, Pausen und Freizeit als wichtigen Bestandteil der Arbeitsroutine und des Zeitmanagements zu betrachten und regelmäßig zu implementieren. Nur so kann man ein ausgeglichenes Leben führen und trotzdem erfolgreich und produktiv sein.

WIE MAN SEINE ENERGIE UND KONZENTRATION STEIGERT, UM MEHR IN KÜRZERER ZEIT ZU ERREICHEN

Eine der wichtigsten Ressourcen beim Zeitmanagement ist unsere Energie. Ohne Energie können wir uns nicht auf eine Aufgabe konzentrieren und unsere Produktivität nimmt ab. In diesem Kapitel werden wir uns speziell auf die Steigerung von Energie und Konzentration konzentrieren.

Das erste, was zu beachten ist, ist ein gesunder Lebensstil, der eine ausgewogene Ernährung, regelmäßige Bewegung und ausreichend Schlaf beinhaltet. Unser Körper braucht genügend Nährstoffe, um richtig zu funktionieren. Eine regelmäßige körperliche Aktivität erhöht den Blutfluss zu Gehirn und Körper und hilft dabei, Stress abzubauen. Ausreichender Schlaf ist ebenfalls wichtig, um den Körper und Geist zu erholen und zu regenerieren. Eine ausreichende Menge an Wasser zu trinken, ist ebenfalls wichtig, um den Körper hydratisiert zu halten und damit das Gehirn schneller arbeiten kann.

Neben einem gesunden Lebensstil gibt es jedoch noch weitere Strategien, um unsere Energie und Konzentration zu steigern. Eine davon ist, sich auf eine Aufgabe zu konzentrieren und diese zu erledigen, bevor man zur nächsten übergeht. Unsere Aufmerksamkeit ist begrenzt und wenn wir uns auf zu viele Dinge gleichzeitig konzentrieren, können wir schnell erschöpft sein und unsere Aufgaben nicht so effektiv erledigen. Eine Möglichkeit, dies zu tun, ist die sogenannte Pomodoro-Technik, bei der ein Timer für 25 Minuten eingestellt wird, in denen man sich auf eine bestimmte Aufgabe konzentriert, gefolgt von einer 5-minütigen Pause. Die Pausen helfen, die Energie wieder aufzuladen und den Geist zu erfrischen.

Ein weiterer Weg, um unsere Energie und Konzentration zu steigern, ist das Vermeiden von Multitasking. Obwohl es manchmal verlockend sein kann, mehrere Aufgaben gleichzeitig zu erledigen, kann dies tatsächlich zu einer Verringerung der Produktivität und Konzentration führen. Wenn wir uns nur auf eine Sache konzentrieren, haben wir eine höhere Wahrscheinlichkeit, effizienter zu arbeiten und die Aufgabe schneller abzuschließen.

Es ist auch wichtig, regelmäßig Pausen einzulegen, um unsere Energie zu erhalten. Versuchen Sie, alle 90 Minuten eine Pause von 10-15 Minuten einzulegen. Diese Pausen können eine Chance sein, um eine Pause zu machen, sich aufzulockern, zu atmen und unsere Gedanken neu zu sortieren.

Schließlich kann das Setzen von Zielen eine Möglichkeit sein, unsere Energie und Konzentration zu steigern. Wenn wir uns auf ein bestimmtes Ziel konzentrieren, können wir uns besser darauf konzentrieren und sind motivierter, es umzusetzen. Es ist auch hilfreich, kleinere Ziele in Schritten zu setzen und jeden Schritt als Erfolg zu feiern, um unsere Motivation und Energie aufrechtzuerhalten.

Insgesamt gibt es viele Möglichkeiten, unsere Energie und Konzentration zu steigern, von einem gesunden Lebensstil bis hin zu spezifischen Techniken wie der Pomodoro-Technik. Es ist wichtig, eine Strategie zu entwickeln, die für uns persönlich funktioniert, um unsere Energie zu erhöhen und unsere Produktivität zu steigern.

DIE ROLLE VON TECHNOLOGIE UND TOOLS BEI DER OPTIMALEN ZEITPLANUNG

In der heutigen Zeit sind wir von Technologie umgeben, die uns in vielen Bereichen des Lebens helfen kann. Dies gilt auch für das Zeitmanagement. Es gibt eine Vielzahl von Technologien und Tools, die uns helfen können, unsere Zeit effektiver zu nutzen und uns bei der Planung und Umsetzung unserer Aufgaben zu unterstützen.

Eine der wichtigsten Technologien in der modernen Zeitplanung ist zweifellos ein digitales Kalender-Tool. Die meisten Smartphones verfügen über eine integrierte Kalender-App, die uns erlaubt, unsere Termine und Verpflichtungen zu verwalten. Ein digitaler Kalender erlaubt es uns, Termine, Deadlines und Meetings einfach und unkompliziert zu organisieren, indem wir sie einfach in unserem Kalender-Tool eingeben. Zusätzlich bieten viele Kalender-Tools auch die Möglichkeit, Erinnerungen und Benachrichtigungen zu planen, die uns daran erinnern, uns auf bevorstehende Aufgaben vorzubereiten oder sie abzuschließen.

Eine weitere Technologie, die uns beim Zeitmanagement helfen kann, ist die Verwendung von To-do-Listen-Tools und -Apps. To-do-Listen erlauben es uns, unsere Aufgaben und Projekte zu organisieren und Prioritäten zu setzen. Vielen Tools bieten auch die Möglichkeit, Unteraufgaben zu erstellen und Aufgaben mit Deadlines zu versehen. Dadurch erhalten wir eine klare Übersicht darüber, welche Aufgaben wir vor uns haben und welche Priorität sie haben.

Zusätzlich können auch Taktik-Tools, die die Pausen und

Arbeitsintervalle planen, ihnen helfen, ihre Arbeit zu organisieren und produktiver zu sein. Diese Tools funktionieren, indem sie Ihnen erlauben, einen Zeitplan zu erstellen, der Perioden der Arbeit und der Ruhezeit enthält, um sicherzustellen, dass Sie genügend Zeit haben, sich zu erholen und Ihre Energie wieder aufzufüllen.

Schließlich gibt es auch verschiedene Collaboration-Tools, die uns dabei unterstützen, mit anderen zusammenzuarbeiten und Aufgaben effektiver zu erledigen. Zum Beispiel können Sie mithilfe von Cloud-Storage-Diensten wie Google Drive oder Dropbox gemeinsam an Projekten arbeiten, Dokumente teilen und auf Dateien zugreifen. Projektplattformen wie Asana oder Trello können auch dazu beitragen, dass ein Team gemeinsam an einem Projekt arbeitet und Aufgaben zuweist, um sicherzustellen, dass alles reibungslos verläuft.

Insgesamt gibt es eine Fülle von Technologien und Tools, die uns helfen können, unsere Zeit effektiver zu nutzen und uns bei der Planung und Umsetzung unserer Aufgaben zu unterstützen. Es ist jedoch wichtig, dass wir uns bewusst machen, dass Technologie nur ein Werkzeug ist und dass wir es sinnvoll einsetzen müssen, um die Vorteile nutzen zu können. Es ist wichtig, dass wir uns Ziele setzen, Prioritäten setzen und unseren Zeitplan sorgfältig planen, bevor wir mit der Verwendung von Technologien beginnen, damit wir die bestmöglichen Ergebnisse erzielen und unser Zeitmanagement optimieren können.

WIE MAN MEETINGS UND TERMINE EFFEKTIVER GESTALTET, UM ZEIT ZU SPAREN

Meetings und Termine sind notwendiger Bestandteil des Arbeitslebens und der Organisation eines jeden. Allerdings verbringen viele Menschen zu viel Zeit in unnötigen Meetings und verlieren dadurch wertvolle Stunden, die sie produktiver hätten nutzen können. In diesem Kapitel lernst du, wie man Meetings und Termine effektiver gestaltet, um Zeit und Energie zu sparen.

1. Definiere klare Ziele und eine Agenda: Ein Treffen sollte immer ein klares Ziel haben. Stelle sicher, dass du es vorher definiert hast und stelle auch eine Agenda zusammen. Dadurch können alle Teilnehmer sich auf das Wesentliche konzentrieren und es wird weniger Zeit verschwendet.

2. Wer sollte teilnehmen: Jeder, der an dem Thema beteiligt ist, sollte teilnehmen. Vermeide es, Leute einzuladen, die nicht direkt betroffen sind. Das spart Zeit und vermeidet unnötige Verwirrung.

3. Wähle den richtigen Zeitpunkt: Versuche, deine Meetings am Anfang oder Ende des Arbeitstages zu planen, wenn alle frisch und konzentriert sind. So können auch Termine wie Mittagessen oder Kaffeepausen optimal genutzt werden, ohne die Arbeitszeit zu unterbrechen.

4. Verlasse dich auf Technologien, um Zeit zu sparen: Statt Meetings persönlich abzuhalten, kann man auch auf Videokonferenzen zurückgreifen, um Zeit zu sparen. Tools wie Zoom, Skype oder Google Meet bieten eine zeit- und reiseeffiziente Alternative.

5. Protokollierung: Sorge dafür, dass während des Meetings Notizen gemacht werden, um später darauf zurückgreifen zu können. Halte auch eine Liste mit den wichtigsten Aufgaben und Verantwortlichkeiten fest, um sicherzustellen, dass jeder weiß, was zu tun ist.

6. Effektive Kommunikation: Achte darauf, dass das Gesprochene auch wirklich verstanden wurde, bevor es weitergeht. Wiederholungen und Missverständnisse können viel Zeit kosten. Verwende klare und präzise Sprache und frage bei Unklarheiten sofort nach.

7. Fokussiere auf das Wesentliche: Vermeide es, unrelevante Themen zu diskutieren oder abzuschweifen. Wenn jemand vom Thema abweicht, leite ihn freundlich wieder zurück.

Fazit: Meetings und Termine sind ein wichtiger Bestandteil unseres Arbeitslebens und sollten effektiv genutzt werden. Mit einer klar definierten Agenda, dem richtigen Zeitpunkt, einer klaren Kommunikation und einer gemeinsamen Erfassung von Aufgaben und Verantwortlichkeiten kann man viel Zeit und Energie sparen.

WIE MAN SEINE KOMMUNIKATION OPTIMIERT, UM ZEIT ZU SPAREN

In unserer modernen, vernetzten Welt kann Kommunikation schnell überhand nehmen und kostbare Zeit in Anspruch nehmen. Unklarheiten, unstrukturierte Diskussionen und unterbrochene Arbeitsabläufe sind häufige Gründe dafür, dass wir uns gestresst und ineffizient fühlen. Doch wie kann man seine Kommunikation optimieren, um Zeit zu sparen und den Arbeitsfluss zu verbessern?

1. Klare Ziele und Erwartungen kommunizieren

Eine unklare Vorstellung dessen, was erreicht werden soll, kann zu langwierigen Debatten und Entscheidungen führen. Bevor eine Diskussion beginnt, sollten klare Ziele und Erwartungen kommuniziert werden. Eine Struktur kann auch helfen: eine Agenda, vorbereitete Fragen und ein Zeitlimit können dafür sorgen, dass die Diskussion sich auf das Wesentliche konzentriert.

2. Die richtigen Kommunikationsmittel auswählen

Eine sorgfältige Überlegung, welches Kommunikationsmittel am besten geeignet ist, kann enorm dabei helfen, Zeit zu sparen. Eine schnelle Frage beantwortet man oft besser per E-Mail oder Instant Messaging, während komplexe Probleme besser in einem persönlichen Gespräch oder einer Videokonferenz besprochen werden sollten.

3. Die richtige Zielgruppe ansprechen

Es ist wichtig, den Menschen zu kommunizieren, mit denen man zusammenarbeitet und deren Engagement benötigt wird. Nicht jeder in Ihrem Team muss immer zu allem informiert werden. Es ist wichtig, Zeit und Bemühungen auf die wirklich wichtigen Personen und Aufgaben zu fokussieren.

4. Klare und prägnante Botschaften formulieren

Kommunikation sollte klar, prägnant und kurz sein. Je länger eine Nachricht oder eine Präsentation ist, desto schwieriger ist es, sich zu konzentrieren. Durch gezielte Auswahl der relevanten Informationen und optisch gestaltete Präsentation kann man eine effektive Kommunikation sicherstellen.

5. Aktives Zuhören

Aktives Zuhören kann helfen, sicherzustellen, dass Sie die Bedürfnisse und Anforderungen Ihrer Kollegen und Vorgesetzten verstehen. Dies kann Ihnen helfen, Zeit zu sparen, indem Sie unnötige Schritte und Fragen vermeiden.

Sobald Sie eine effektive Kommunikationsstrategie entwickelt haben, können Sie Ihre Arbeitszeit besser effizient nutzen. Klare Ziele und Erwartungen, die richtigen Kommunikationsmittel, die richtige Zielgruppe, klare und prägnante Botschaften und aktives Zuhören sind entscheidende Elemente, um Ihre Kommunikation zu optimieren.

WIE MAN AUFGABEN DELEGIERT, UM ZEIT FREIZUMACHEN

Eines der wichtigsten Aspekte des Zeitmanagements ist die Fähigkeit, Aufgaben delegieren zu können. In der Tat kann Delegation eine äußerst effektive Methode sein, um Zeit freizumachen, indem man seine Ressourcen optimal nutzt. Wenn jemand jedoch Schwierigkeiten damit hat, Aufgaben an andere zu delegieren, kann dies ein großes Hindernis für eine effektive Zeitplanung sein.

Ein Grund, warum Menschen es schwer haben, Aufgaben zu delegieren, ist die Sorge, dass die Arbeit nicht gut erledigt wird. Viele von uns haben das Gefühl, dass wir die einzigen sind, die in der Lage sind, bestimmte Aufgaben auf die bestmögliche Weise zu erledigen. In Wahrheit gibt es jedoch immer jemanden, der die Arbeit genauso gut oder sogar besser machen könnte als wir selbst. Indem wir jemanden anderen die Verantwortung für eine Aufgabe übertragen, gewinnen wir Zeit und können uns auf andere Dinge konzentrieren, die uns mehr am Herzen liegen und wo wir unsere Fähigkeiten und Talente besser einbringen können.

Ein weiterer Grund, warum Menschen Aufgaben nicht delegieren, ist die Sorge, dass es unhöflich oder unkollegial sein könnte, andere um Hilfe zu bitten. Dies ist jedoch eine falsche Sichtweise. Tatsächlich ist es in vielen Berufen Teil des normalen Arbeitsablaufs, dass Aufgaben delegiert werden. Es ist auch ein Zeichen von Führungskompetenz und Fähigkeit, andere dazu zu befähigen, ihre Fähigkeiten zu entwickeln und ihr Potenzial auszuschöpfen.

Ein wichtiger Schritt bei der Delegation von Aufgaben ist es, sicherzustellen, dass man den richtigen Person auswählt. Die Person, der man eine Aufgabe überträgt, sollte über die geeigneten Fähigkeiten und Qualifikationen verfügen, um die Aufgabe effektiv zu erledigen. Es macht auch Sinn, die Verantwortung für die Aufgabe vollständig zu übertragen, anstatt darauf zu bestehen, dass jeder Schritt von Ihnen genehmigt wird.

Es ist auch wichtig, klare Ziele und Anforderungen für die Aufgabe zu definieren. Eine klare Kommunikation ist hier das A und O. Man sollte das Ziel und die Erwartung an die Person genau definieren, um Diskrepanzen und Missverständnisse zu vermeiden. Diese klare Kommunikation ermöglicht es der Person, die Aufgabe selbst zu erledigen und sich auf eine effektive Lösung zu konzentrieren.

Schließlich sollte man sicherstellen, dass die Person, der man die Aufgabe überträgt, über alle notwendigen Ressourcen und Informationen verfügt, um die Aufgabe effektiv zu erledigen. Dies kann von einer Schulung bis zur Bereitstellung von Ressourcen und der richtigen Kompetenzen reichen. Ein klarer Pfad und Support von Ihnen, gibt der Person auch Sicherheit und Vertrauen in ihre Aufgabe.

Insgesamt kann die Delegation von Aufgaben eine äußerst effektive Strategie sein, um Zeit freizumachen, sich besser auf seine Tätigkeiten zu konzentrieren und sich von überflüssigen Arbeiten zu befreien. Es erfordert ein wenig Planung und Überlegung, aber die Vorteile sind enorm.

WIE MAN SEINE UMGEBUNG OPTIMIERT, UM PRODUKTIVER ZU SEIN

Unsere Umwelt beeinflusst unser Verhalten auf verschiedene Weise. Wenn wir eine Umgebung schaffen, die unser Wohlbefinden fördert und uns ermutigt, unsere Ziele zu erreichen, können wir produktiver und effektiver arbeiten.

Hier sind einige Tipps, wie man seine Umgebung optimieren kann, um produktiver zu sein:

1. Ordnung schaffen: Eine aufgeräumte und organisierte Arbeitsumgebung kann helfen, Ablenkungen zu reduzieren und das Fokussieren auf Aufgaben zu erleichtern. Eine Möglichkeit, dies zu erreichen, ist, nur die Dinge auf dem Schreibtisch zu haben, die bei der aktuellen Aufgabe verwendet werden.

2. Einrichtung anpassen: Die Einrichtung des Arbeitsbereichs kann sich auf unser individuelles Wohlbefinden auswirken. Dazu kann die Anpassung der Raumtemperatur, des Lichts und des Lärms zählen. Eine angenehme Atmosphäre kann dazu beitragen, dass wir uns wohler und produktiver fühlen.

3. Virtuelle Umgebung optimieren: Im digitalen Zeitalter verbringen wir einen Großteil unserer Arbeitszeit an Computern. Eine Möglichkeit, die virtuelle Umgebung zu optimieren, ist, eine organisierte Dateistruktur zu verwenden und Dateien regelmäßig zu löschen. Auch das Anpassen der Bildschirmeinstellungen und die Nutzung von technischen Hilfsmitteln wie Timer-Apps können helfen, die Produktivität zu verbessern.

4. Distanzierung von Ablenkungen: Ablenkungen können

die Produktivität erheblich beeinträchtigen. Eine Möglichkeit, dies zu vermeiden, ist, sich von Ablenkungen wie beispielsweise sozialen Netzwerken, E-Mails oder Telefonanrufen fernzuhalten, wenn man an einer Aufgabe arbeitet. Auch das Abschalten von Benachrichtigungen und das Verwenden von Lärmreduzierungstechnologien können dazu beitragen, sich besser zu konzentrieren.

5. Design Thinking anwenden: Eine innovative Methode, um kreative Lösungen zu entwickeln und effektiver zu arbeiten, ist Design Thinking. Diese Methode nutzt kreatives und analytisches Denken, um Produkte, Dienstleistungen und Arbeitsprozesse zu verbessern. Indem man Design Thinking-Methoden anwendet, kann man die Effektivität und Effizienz des eigenen Arbeitsstils verbessern und so seine Produktivität steigern.

Insgesamt kann das Optimieren der Umgebung dazu beitragen, dass man sich besser auf seine Arbeit konzentrieren kann und dadurch produktiver wird. Eine gut gestaltete Arbeitsumgebung kann dazu beitragen, dass man kreative Ideen entwickelt, kürzer arbeitet und trotzdem mehr erreicht.

WIE MAN MIT ZEITDRUCK UND STRESS UMGEHT, UM SEINE EFFEKTIVITÄT NICHT ZU BEEINTRÄCHTIGEN

Zeitdruck und Stress sind in unserer heutigen Gesellschaft allgegenwärtig. Menschen fühlen sich ständig gehetzt, gestresst und überlastet. Das kann sich negativ auf ihre Gesundheit und ihr Wohlbefinden auswirken und ihre Produktivität und Effektivität beeinträchtigen.

Doch es gibt Wege, mit Zeitdruck und Stress umzugehen und trotzdem erfolgreich und produktiv zu sein. Im folgenden Kapitel werden wir einige Strategien besprechen, mit denen man diesen Herausforderungen begegnen kann.

1. Priorisierung: Wenn der Druck steigt und die Arbeit überhand nimmt, ist es wichtig, Prioritäten zu setzen und sich zu fragen, was wirklich wichtig ist. Das hilft, sich auf das Wesentliche zu konzentrieren und Zeit und Energien effektiver zu nutzen.

2. Delegieren: In stressigen Situationen sollte man lernen, Aufgaben an andere zu delegieren. Das entlastet und gibt Freiraum für wichtigere Dinge. Delegieren bedeutet auch Vertrauen in die Fähigkeiten anderer zu haben.

3. Pausen machen: Auch wenn es widersprüchlich klingt, Pausen sind wichtig, um produktiv und effektiv zu bleiben. Kurzzeitige Entspannung hilft, den Stress zu reduzieren und erholt besser von den Anstrengungen. Eine kurze Pause kann genug sein, um den Kopf wieder frei zu bekommen.

4. Sport und Bewegung: Ganz egal ob am Tag oder in der

Mittagspause, Bewegung hilft, Stresshormone abzubauen und steigert die Konzentration und die körperliche und psychische Leistungsfähigkeit. Es ist für den Körper eine Entspannung und für den Geist eine Abwechslung.

5. Planung: Mit einer guten Planung und Organisierung der Aufgaben lässt sich Stress vermeiden. Es gibt weniger Überraschungen und alles ist im Griff.

6. Optimismus: Pessimismus, Hektik und Stress sind schlechte Begleiter. Wer lernen kann, optimistisch zu sein und eine positivere Einstellung zu haben, wird die Herausforderungen mit mehr Leichtigkeit bewältigen.

7. Meditation und Entspannungstechniken: Yoga, Meditation und progressive Muskelentspannung helfen nach einem stressigen Tag, das Gleichgewicht wiederherzustellen und Kraft zu tanken. Diese Techniken helfen, den Stress und die Anspannung im Körper zu reduzieren und die Entspannung wird erleichtert.

Umgang mit Zeitdruck und Stress ist keine einfache Aufgabe. Es erfordert Disziplin, Gelassenheit und Optimismus. Aber wer sich diese Fähigkeiten aneignet, wird auf lange Sicht erfolgreicher, gesünder und ausgeglichener sein. Wenn man gestresst ist, sollte man sich nicht entmutigen lassen, sondern stets daran denken, dass es Wege gibt, auch mit hohem Druck umzugehen.

WIE MAN SEINE ZIELE DEFINIERT UND ERREICHT, UM ZEITVERSCHWENDUNG ZU VERMEIDEN

Zeit ist eine der wertvollsten Ressourcen, die wir haben. Wenn wir unsere Zeit effektiv nutzen, können wir unsere Ziele schneller erreichen und ein erfüllteres Leben führen. Eine wichtige Voraussetzung dafür ist allerdings, dass wir unsere Ziele klar definieren und uns auf sie konzentrieren. In diesem Kapitel zeigen wir Ihnen, wie Sie strategisch vorgehen, um Ihre Ziele zu erreichen und Ihre Zeit nicht zu verschwenden.

1. Definieren Sie Ihre Ziele

Der erste Schritt zur Erreichung Ihrer Ziele ist, diese klar und konkret zu definieren. Schreiben Sie Ihre Ziele auf und halten Sie sie an einem Ort fest, an dem Sie sie immer wieder sehen. Stellen Sie sicher, dass Ihre Ziele messbar sind, sodass Sie Ihren Fortschritt verfolgen und Anpassungen vornehmen können, wenn nötig.

2. Planen Sie Ihre Zeit entsprechend

Wenn Sie Ihre Ziele klar definiert haben, können Sie Ihre Zeit entsprechend planen. Schauen Sie sich Ihre Zeitpläne an und prüfen Sie, welche Schritte notwendig sind, um Ihre Ziele erreichen zu können. Hierbei ist es wichtig, realistisch zu bleiben und ausreichenden Puffer einzuplanen, um unvorhergesehene Ereignisse oder Engpässe abzufangen.

3. Priorisieren Sie Ihre Aufgaben

Priorisieren Sie Ihre Aufgaben entsprechend ihrer Relevanz für die Erreichung Ihrer Ziele. Fokussieren Sie sich auf die Aufgaben, die einen signifikanten Einfluss auf Ihre Ziele haben und delegieren Sie wenn möglich unwichtige Aufgaben oder lassen Sie sie weg. Nutzen Sie Ihre Zeit, um wirklich wichtige Aufgaben zu erledigen.

4. Vermeiden Sie Zeitverschwendung

Seien Sie auf der Hut vor jenen Zeitfallen, die Ihnen Zeit rauben, aber nicht zu Ihren Zielen führen. Dies können zum Beispiel unproduktives Surfen im Internet, soziale Medien oder überflüssige Meetings sein. Bemühen Sie sich, von unnötigen Ablenkungen und Tätigkeiten Abstand zu nehmen und stattdessen Ihre Energie und Konzentration in die Verwirklichung Ihrer Ziele zu stecken.

5. Bleiben Sie positiv und reflektiert

Es ist wichtig, dass Sie sich auf Ihre Erfolge und Ihre Leistung konzentrieren und positiv bleiben. Feiern Sie Ihre Erfolge und achten Sie auf Ihre Fortschritte. Wenn Sie unterwegs Fehler machen oder Rückschläge erfahren, nutzen Sie diese als Gelegenheit zur Reflektion und lernen Sie daraus. Vertrauen Sie auf sich selbst und Ihre Fähigkeit, Ihre Ziele zu erreichen.

Insgesamt gilt: Wenn Sie Ihre Ziele klar definieren, Ihre Zeit entsprechend planen, Ihre Aufgaben effektiv priorisieren und Zeitverschwendung vermeiden, sind Sie auf einem guten Weg, Ihre Ziele zu erreichen. Bemühen Sie sich, Ihren Fokus auf Ihre wichtigsten Ziele zu richten und lassen Sie sich nicht von Ablenkungen oder Hindernissen abbringen. Bleiben Sie auf Kurs und verfolgen Sie Ihre Ziele mit Entschlossenheit und mit Ihrer Zeit als wertvollste Ressource.

WIE MAN FEEDBACK UND SELBSTREFLEXION NUTZT, UM SEINE ZEITMANAGEMENT-FÄHIGKEITEN ZU VERBESSERN

Das Erfolgsrezept für effektives Zeitmanagement ist nicht in Stein gemeißelt. Jeder Mensch tickt anders und was für den einen funktioniert, ist für den anderen möglicherweise unbrauchbar. Deshalb ist es wichtig, sich ständig zu reflektieren und Feedback einzuholen, um seine Zeitmanagement-Fähigkeiten zu verbessern.

Feedback von anderen einholen

Egal, ob es um Verbesserungen in Ihrem Arbeitsumfeld geht oder um Ihre persönlichen Beziehungen - Feedback von anderen ist eine unschätzbare Möglichkeit, Ihre Zeitmanagement-Fähigkeiten zu verbessern. Fragen Sie nach ehrlichem Feedback von Kollegen, Freunden oder Familie, wie Sie Ihre Zeit besser nutzen können. Seien Sie bereit, sich auf konstruktive Kritik einzulassen.

Eine weitere Möglichkeit, Feedback zu erhalten, besteht darin, sich einem Mentor anzuschließen. Ein erfahrener Mentor kann Ihnen wertvolle Ratschläge geben, wie Sie Ihre Zeit besser nutzen und Ihre Ziele erreichen können.

Selbstreflexion

Neben dem Feedback von anderen ist es auch wichtig, sich selbst ehrlich zu reflektieren und zu bewerten. Setzen Sie sich regelmäßig Zeiten zur Selbstreflexion und schauen Sie sich Ihre Zeitmanagement-Methoden und -Gewohnheiten genauer an.

Analysieren Sie, wo Sie produktiv sind und wo Sie ineffektiv sind. Schauen Sie sich auch Ihre persönlichen Prioritäten und Werte an.

Wenn Sie Ihre Zeitmanagement-Methoden und -Gewohnheiten untersucht haben, müssen Sie sich entscheiden, was Sie beibehalten und was Sie ändern möchten. Es ist wichtig, realistische und erreichbare Ziele zu setzen und diese in Ihre Pläne aufzunehmen. Wenn Sie Ihre Ziele erreichen, sollten Sie dies feiern und sich selbst dafür belohnen.

Sich selbst disziplinieren

Eine weitere Möglichkeit, Selbstreflexion zu nutzen, um Ihre Zeitmanagement-Fähigkeiten zu verbessern, ist, sich selbst zu disziplinieren. Schauen Sie sich an, welche Gewohnheiten Ihnen im Wege stehen und welche Ihnen helfen, produktiver zu sein. Versuchen Sie, Ihre schlechten Gewohnheiten zu stoppen oder zu minimieren und legen Sie neue, produktive Gewohnheiten fest.

Setzen Sie sich klare und spezifische Ziele und arbeiten Sie bewusst daran, diese in Ihre tägliche Routine zu integrieren. Wenn Sie Schwierigkeiten haben, ein Ziel zu erreichen, sollten Sie sich fragen, was Sie davon abhält und welche Schritte Sie unternehmen müssen, um es zu erreichen.

Fazit

Um Ihre Zeitmanagement-Fähigkeiten zu verbessern, benötigen Sie regelmäßiges Feedback von anderen und eine konsequente Selbstreflexion. Wenn Sie Ihre eigenen Stärken und Schwächen kennen, können Sie effektive Ziele setzen und einen Plan erstellen, um diese Ziele zu erreichen. Verfolgen Sie Ihre Fortschritte und seien Sie bereit, sich anzupassen, wenn es erforderlich ist.

WIE MAN SEINE HOBBYS UND LEIDENSCHAFTEN IN SEINEN ZEITPLAN INTEGRIERT, UM EIN ERFÜLLTES LEBEN ZU FÜHREN

Zeitmanagement geht nicht nur darum, effektiv zu sein. Es geht auch darum, ein Leben zu führen, das erfüllend und befriedigend ist. Oft vernachlässigen wir jedoch unsere Hobbys und Leidenschaften, wenn wir uns auf Arbeit und andere Verpflichtungen konzentrieren. Aber es ist ebenso wichtig, unsere Freizeitaktivitäten in unseren Zeitplan einzubauen, um ein ausgewogenes Leben zu führen.

Der Schlüssel besteht darin, unsere Prioritäten zu kennen und herauszufinden, was uns glücklich und erfüllt macht. Wenn wir unsere Zeit mit Dingen verbringen, die uns Freude bereiten und uns energiegeladen fühlen lassen, werden wir in der Lage sein, produktiver und effektiver zu sein, wenn wir uns auf unsere Arbeit und andere Verpflichtungen konzentrieren.

Aber wie integriert man Hobbys und Leidenschaften in seine Zeitplanung und bleibt dennoch produktiv? Der erste Schritt besteht darin, ein Bewusstsein für Ihre Prioritäten zu entwickeln und zu erkennen, dass Ihre Hobbys und Interessen wichtig sind und genauso viel Aufmerksamkeit verdienen wie Ihre Arbeit und sonstigen Verpflichtungen.

Als nächstes sollten Sie versuchen, Zeit für Ihre Hobbys und Interessen in Ihrem Zeitplan zu reservieren. Blockieren Sie Zeitfenster für Aktivitäten, die Ihnen Freude bereiten und setzen Sie sie in Ihren Tagesplan oder Wochenplan ein. Auf diese Weise vermeiden Sie es, Ihre Hobbys und Interessen zu vernachlässigen und stellen sicher, dass Sie genügend Zeit haben, um sich mit ihnen zu beschäftigen.

Eine weitere Möglichkeit, Ihre Hobbys in Ihren Zeitplan zu integrieren, besteht darin, sie in den Tagesplan einzubauen. Zum Beispiel könnten Sie eine Stunde am Abend für Ihr Hobby reservieren oder sich eine Stunde am Wochenende für eine bestimmte Aktivität einplanen. Durch die Verwendung einer Tages- oder Wochenplanung können Sie sicherstellen, dass Sie genügend Zeit für Ihre Hobbys haben und dennoch Ihre Arbeit und anderen Verpflichtungen erfüllen können.

Schließlich sollten Sie auch versuchen, Ihre Hobbys und Interessen in Ihren Arbeitsalltag zu integrieren. Vielleicht gibt es eine Möglichkeit, Ihre Interessen in Ihre Arbeit einzubeziehen oder ein Hobby in Ihre Mittagspause zu integrieren. Indem Sie Ihre Hobbys in Ihren Arbeitsalltag einbeziehen, können Sie Ihre Arbeit effektiver und erfüllender gestalten.

Insgesamt kann die Integration von Hobbys und Interessen in Ihre Zeitplanung einen großen Einfluss auf Ihr Leben haben. Sie können ein ausgewogenes Leben führen, das sowohl produktiv als auch erfüllend ist. Nehmen Sie sich die Zeit, um Ihre Prioritäten zu kennen und machen Sie Raum für Ihre Hobbys und Interessen. Indem Sie diese Aktivitäten in Ihre Zeitplanung einbeziehen, können Sie Ihr Leben verbessern und ein höheres Maß an Glück und Erfüllung erreichen.

WIE MAN MIT ANFORDERUNGEN UND VERPFLICHTUNGEN UMGEHT, UM EIN GLEICHGEWICHT ZWISCHEN ARBEIT UND PERSÖNLICHER ZEIT ZU FINDEN

Ein Gleichgewicht zwischen Arbeit und persönlicher Zeit zu finden, ist oft eine große Herausforderung. Verpflichtungen in der Familie, bei der Arbeit und in der Gemeinschaft können uns dazu bringen, unsere Tage mit Aufgaben zu füllen. Es ist jedoch möglich, verschiedene Strategien anzuwenden, um ein gesundes Maß an Ausgleich zwischen Arbeit und persönlichen Verpflichtungen zu finden. Hier sind einige Tipps, wie Sie Ihre Anforderungen und Verpflichtungen bewältigen können, um ein Gleichgewicht zu finden.

1. Prioritäten setzen: Beginnen Sie damit, klare Prioritäten zu setzen und herauszufinden, welche Aufgaben wirklich wichtig sind und welche Sie vernachlässigen können. Erstellen Sie eine Liste der wichtigsten Dinge, die Sie erreichen möchten, und arbeiten Sie daran, diese in den Tages- und Wochenplan zu integrieren.

2. Lernen Sie zu delegieren: Wenn Sie zu viele Aufgaben haben und sich überfordert fühlen, versuchen Sie, einige davon an andere zu delegieren. Dies gibt Ihnen Zeit und Energie, um sich auf die Dinge zu konzentrieren, die wirklich wichtig sind.

3. Planen Sie Zeit für sich selbst ein: Vergessen Sie nicht, Zeit für sich selbst zu planen. Planen Sie regelmäßige Pausen und

kurze Auszeiten ein, um sich zu entspannen und sich zu erholen. Nehmen Sie sich Zeit für Ihre Hobbys, Interessen und den Sport.

4. Lassen Sie die Arbeit an der Arbeit: Versuchen Sie, Ihren Geist von der Arbeit zu befreien, wenn Sie zu Hause sind. Versuchen Sie, Ihre Gedanken in eine andere Richtung zu lenken, z.B. mit Familie und Freunden zu sprechen oder sich mit anderen Interessen beschäftigen.

5. Setzen Sie klare Grenzen: Setzen Sie klare Grenzen zwischen Ihrer Arbeit und Ihrem Privatleben. Zum Beispiel könnten Sie in Ihrem Arbeitsvertrag klare Arbeitszeiten und Abgrenzungen vereinbaren.

6. Bleiben Sie flexibel: Wenn Veränderungen in Ihrem Leben eintreten, seien Sie bereit, Ihre Prioritäten anzupassen, um Ihre Aufgaben effektiv zu bewältigen. Es ist wichtig, sich an sich ändernde Bedingungen anzupassen, um ein Gleichgewicht zwischen Arbeit und persönlichem Leben aufrechtzuerhalten.

7. Üben Sie Achtsamkeit: Praktizieren Sie Achtsamkeit, indem Sie im Moment präsent bleiben und Ihre Aufgaben nacheinander ausführen. Das gibt Ihnen das Gefühl, den Überblick über Ihre Verpflichtungen zu behalten und Ihre Arbeit bewusst zu machen.

Indem Sie diese Tipps anwenden, können Sie ein Gleichgewicht zwischen Arbeit und privatem Leben schaffen. Es ist wichtig zu erkennen, dass jedes Leben anders ist und es kein Einheitsrezept für Gelassenheit gibt. Treffen Sie Ihre eigenen Entscheidungen darüber, was für Ihr Leben am besten ist, und arbeiten Sie daran, Ihre Verpflichtungen und Bedürfnisse in Einklang zu bringen.

WIE MAN SEINE ZEIT UND SEINE ZIELE IM EINKLANG MIT SEINER PERSÖNLICHEN VISION UND MISSION PLANT

Die Planung der Zeit und der Ziele im Einklang mit der persönlichen Vision und Mission ist ein entscheidender Faktor für den langfristigen Erfolg und das Wohlbefinden. Es geht darum, ein tieferes Verständnis dafür zu entwickeln, wer man wirklich ist, was man im Leben erreichen möchte und welche Werte einem wichtig sind. Diese Einsichten ermöglichen es, eine klare Richtung zu finden und bei der Umsetzung zielgerichtet vorzugehen. Ohne eine klare Vision und Mission läuft man Gefahr, Zeit und Energie in Dinge zu investieren, die nicht wirklich wichtig sind, die nicht zum eigenen Leben passen und die langfristig keine Befriedigung bringen.

Der erste Schritt bei der Entwicklung einer persönlichen Vision und Mission ist die Reflexion. Es geht darum, sich Zeit zu nehmen, um sich selbst kennenzulernen, herauszufinden, was einem wirklich am Herzen liegt und was man im Leben erreichen möchte. Dazu können Fragen wie "Wer bin ich?" "Was sind meine Stärken?" "Was sind meine Werte?" und "Welche Ziele möchte ich erreichen?" helfen. Man kann auch Listen mit Dingen erstellen, die einem wichtig sind, oder ein Vision Board gestalten, um visuell darzustellen, was man erreichen möchte.

Sobald man ein tieferes Verständnis dafür hat, was einem wichtig ist und wofür man steht, kann man eine Vision und Mission formulieren. Eine Vision beschreibt, wo man in der Zukunft sein möchte, während die Mission beschreibt, wie man dorthin gelangen möchte. Eine klare Vision und Mission helfen dabei, Prioritäten zu setzen und Entscheidungen zu treffen, die im Einklang mit den eigenen Zielen und Werten stehen.

Es ist auch wichtig, die persönliche Vision und Mission regelmäßig zu überprüfen und anzupassen. Das Leben und die Umstände ändern sich ständig, und es ist wichtig, sicherzustellen, dass die Vision und Mission immer noch im Einklang mit den eigenen Zielen und Werten stehen. Eine regelmäßige Selbstreflexion und Feedback von anderen können dabei helfen, den Kurs anzupassen und auf dem richtigen Weg zu bleiben.

Schließlich geht es darum, die Zeit in Einklang mit der persönlichen Vision und Mission zu planen. Es ist wichtig, sicherzustellen, dass die Zeit, die man investiert, in Dinge fließt, die im Einklang mit den eigenen Zielen und Werten stehen. Dies bedeutet nicht zwangsläufig, dass man alle Zeit in die Arbeit investieren muss, sondern dass man auch Zeit für Hobbys, Freunde und Familie einplant, um eine ausgewogene Balance im Leben zu finden.

Insgesamt ist die Planung der Zeit und Ziele im Einklang mit der persönlichen Vision und Mission ein entscheidender Faktor, um im Leben effektiv und zielgerichtet vorzugehen. Durch eine tiefere Reflexion und klare Ausrichtung auf die eigenen Ziele und Werte kann man seine Zeit effektiv nutzen und ein erfülltes Leben führen.

WIE MAN EINE LANGFRISTIG ERFOLGREICHE UND NACHHALTIGE ZEITMANAGEMENT-STRATEGIE ENTWICKELT UND BEIBEHÄLT.

Eine erfolgreiche Zeitmanagement-Strategie hilft, das Leben zu organisieren, Ziele zu erreichen und den täglichen Arbeitsaufwand zu bewältigen. Jedoch ist eine effektive Zeitplanung keine einmalige Aufgabe, sondern eine kontinuierliche Praxis, die angepasst und verfeinert werden muss. In diesem Kapitel werden wir uns damit beschäftigen, wie man eine langfristige Zeitmanagement-Strategie entwickeln und beibehalten kann.

1. Reflektiere regelmäßig
Eine Reflexion deiner Effektivität kann dir helfen, deine Zeitmanagement-Strategie zu verbessern. Nimm dir regelmäßig Zeit, um deine Routine und ihre Wirkung auf dein Leben zu bewerten, und sei bereit, Änderungen vorzunehmen, um dich an sich verändernde Umstände und Ziele anzupassen.

2. Stelle Ziele fest
Eine erfolgreiche Zeitmanagement-Strategie sollte darauf abzielen, dass du deine Ziele erreichst. Überlege dir, welche Ziele du hast und wie du deine Zeit dafür am besten einsetzen kannst. Ein konkreter Plan für deine Arbeit, dein Studium oder dein Privatleben hilft, das Ziel im Auge zu behalten und dich auf die Aufgaben zu konzentrieren, die für die Erreichung des Ziels am wichtigsten sind.

3. Priorisiere Aufgaben

Bewerte regelmäßig, welche Aufgaben für die Erreichung deiner Ziele am wichtigsten sind. Priorisiere diese Aufgaben, um sicherzustellen, dass du deine Zeit für die wichtigsten Tätigkeiten aufwendest. Verwende diese Einschätzung als Grundlage für die Erstellung deiner Tages- und Wochenpläne.

4. Sei flexibel

Sei bereit, deine Pläne zu ändern, wenn sich deine Umstände ändern oder wenn du erneut bewerten musst, welche Aktivitäten für dich am wichtigsten sind. Wenn du flexibel bist, kannst du besser auf unvorhergesehene Ereignisse oder Veränderungen in deinem Leben reagieren.

5. Delegiere Aufgaben

Delegiere Aufgaben, wenn möglich, um deine Zeit für die Tätigkeiten aufzuwenden, die du am besten und effektivsten erledigen kannst. Überlege dir, welche Tätigkeiten du an andere delegieren kannst, sodass du dich auf die Aufgaben konzentrieren kannst, die nur du erledigen kannst.

6. Verwende Technologie

Verwende Technologie, um deine Produktivität zu verbessern. Nutze Tools zur Organisation und Verwaltung deiner Aufgaben und Projekte. Automatisiere wiederkehrende Aufgaben und nutze Cloud-Dienste, um sicherzustellen, dass du jederzeit auf deine wichtigen Dokumente zugreifen kannst.

7. Planen Sie Zeit für Entspannung und Erholung ein

Nicht nur Arbeit, sondern auch Entspannung und Erholung sind wichtige Bestandteile des Lebens. Planen Sie deshalb Zeit ein, um sich zu erholen und Ihre Energie wieder aufzuladen. Überladen Sie Ihren Tagesplan nicht, sondern gönnen Sie sich Pausen und Zeit für Hobbys und Freizeitaktivitäten.

8. Setze realistische Ziele

Setze realistische Ziele, um deine Energie und Motivation

aufrechtzuerhalten. Zu hohe Erwartungen können zu Frustration und Enttäuschung führen. Überlege dir, welche Ziele du in einer realistischen Zeit erreichen kannst, um langfristig erfolgreich zu sein.

9. Finde dein Gleichgewicht

Reserviere Zeit für Familie, Freunde und Hobbys. Überladen Sie sich nicht mit Arbeit, und achten Sie darauf, dass Sie ein ausgewogenes Verhältnis zwischen Arbeit und Privatleben haben. Finde heraus, was für dich am besten funktioniert, um ein Gleichgewicht zwischen Arbeit und persönlicher Zeit zu finden.

10. Feiere Erfolge

Mach dir bewusst, was du erreicht hast und feiere Erfolge. Eine positive Einstellung und Anerkennung helfen dabei, motiviert zu bleiben und das Ziel nicht aus den Augen zu verlieren.

Eine erfolgreiche Zeitmanagement-Strategie erfordert eine kontinuierliche Anpassung, aber es ist deinen Aufwand wert. Mit diesen Tipps kannst du sicherstellen, dass du produktiver, motivierter und besser organisiert bist und eine effektive und effiziente Nutzerin deiner Zeit wirst.

www.ingramcontent.com/pod-product-compliance
Lightning Source LLC
Chambersburg PA
CBHW071145220526
45467CB00015B/1930